Аилсон Барбоза да Силва

Письма о городах

ScienciaScripts

Imprint

Any brand names and product names mentioned in this book are subject to trademark, brand or patent protection and are trademarks or registered trademarks of their respective holders. The use of brand names, product names, common names, trade names, product descriptions etc. even without a particular marking in this work is in no way to be construed to mean that such names may be regarded as unrestricted in respect of trademark and brand protection legislation and could thus be used by anyone.

Cover image: www.ingimage.com

This book is a translation from the original published under ISBN 978-613-9-70783-6.

Publisher:
Sciencia Scripts
is a trademark of
Dodo Books Indian Ocean Ltd. and OmniScriptum S.R.L publishing group

120 High Road, East Finchley, London, N2 9ED, United Kingdom
Str. Armeneasca 28/1, office 1, Chisinau MD-2012, Republic of Moldova, Europe

ISBN: 978-620-7-25805-5

Широко обсуждаемая во Франции, особенно социологической школой 1970-х годов, периурбанизация является важным явлением для понимания последних процессов в городах Латинской Америки, а также других регионов мира. Этот процесс трансформирует структуру землепользования и, как следствие, социальные и экономические отношения. Как таковой, он приобретает значение каждый раз, когда урбанизация выходит за пределы города и проникает в сельские пространства, изменяя их структуру. Интенсификация городских процессов в направлении сельских районов приводит к формированию многофункционального пространства землепользования, порождая так называемые пригородные пространства.

По мнению Оджимы и Хогана (2008, стр. 7), "термин "периурбанизация" появился, главным образом, на международной арене, чтобы объяснить некоторые структурные изменения в производственных и локационных механизмах в городском пространстве некоторых регионов мира". Они добавляют:

Оно относится к расширению города в сторону его периферии, но совершенно иначе, чем сложная концепция периферизации населения, используемая в бразильской литературе, особенно с 1970-х годов. Одна из фундаментальных проблем, возникающих при обсуждении периурбанизации, заключается в растущей сложности определения с помощью традиционных критериев таких аналитических категорий, как "сельский" и "городской". В Бразилии периферийные районы городов всегда занимали семьи с низким уровнем дохода, которые, столкнувшись с невозможностью жить в центральных районах или рядом с ними, рассматривали эти более отдаленные пространства как возможный способ поселиться на земле. Только когда крупные города Бразилии стали испытывать "городскую экономию", окраины начали цениться. Сначала они использовались для промышленной деятельности, мелкого фермерства и отдыха, а затем стали использоваться для жилья - сначала в качестве вторых домов, а затем и в качестве основных резиденций.

В результате сформировалась модель урбанизации, которая продвигается в традиционно сельские районы, образуя гибридную и сложную специальность.

Как считают Оджима и Хоган (*Idem*), периферизация и периурбанизация соответствуют разным процессам, которые приводят к разным результатам. Поэтому предпочтительнее использовать термин периферизация для обозначения процессов создания бедных окраин, как это было сделано в бразильской литературе. Термин "периурбанизация" лучше использовать для обозначения случаев, когда урбанизация проникает в сельские районы, трансформируя землепользование (от сельского к сочетанию сельского и городского), пока сельская и сельскохозяйственная деятельность остается в окружении типично городского использования.

По мнению Миранды (2008), периферизация означает "перемещение сельского населения в города, что ставит под угрозу их инфраструктуру и услуги", в то время как периурбанизация характеризуется занятием городских окраин из-за низкой плотности населения и может также называться субурбанизацией.

Асенсио (2001) считает, что периурбанизация соответствует вторжению в сельскую местность людей из городского мира, основанному на ряде элементов, создающих благоприятные условия для переезда людей и предприятий в сельскую местность. Он перечисляет следующие факторы, способствующие этому процессу:

- *Городские проблемы: пробки, загрязнение, отсутствие безопасности, маргинализация, нехватка жилья, цены на землю и т.д.*
- *Строительство и улучшение инфраструктуры*
- *Использование личного автомобиля*
- *Новый образ сельской местности*
  - *Экологические ценности*
  - *Продвижение государственной политики*
  - *Реализация общественных объектов и услуг*
  - *Почвообеспечение*
  - *Реализация услуг по организации досуга*
  - *Рост уровня доходов*

В качестве синонимов понятия "периурбанизация" разными авторами были приняты различные термины. Поэтому в специальной литературе можно встретить использование таких номенклатур, как рурбанизация, субурбанизация и контрурбанизация, которые используются для объяснения процесса перемещения за пределы города. По словам Вейла (2007, 17), "*процессу периферийного заселения города даются различные названия, такие как субурбанизация, периурбанизация, рурбанизация, и дифференциация между этими терминами, если она существует, очень тонкая*". Вейл (там же) утверждает, что для обозначения процесса периурбанизации можно использовать разные названия:

Штайнберг (2003) и Энтрена Дуран (2003) используют термин "периурбанизация", в то время как Бергер (1980), Зарате (1984) и Фернандес Гарсия (2003) предпочитают использовать термин "рурбанизация".

Бразильские авторы, такие как Фрейре (1982) и Коэльо (1999), также называют этот процесс рурбанизацией.

См. также Asencio (2001), Vale (2007), Miranda (2008), Zuluaga Sánchez (2008) и Sanchéz (2009).

Таким образом, под периурбанизацией понимается процесс вторжения в сельскую местность городской деятельности, бизнеса и населения при сохранении остатков сельской жизни и деятельности. Этот процесс все еще можно рассматривать как следствие продвижения городской деятельности в сельские пространства, но особым образом, отличным от традиционных процессов интенсивной урбанизации.

В процессе периурбанизации происходят значительные трансформации в логике землепользования с формированием гибридной пространственности, где смешиваются городское и сельское, а рост населения ускоряется, но гораздо медленнее, чем в окрестностях. Таким образом, периурбанизацию можно рассматривать в логике развития инноваций без полного захвата пространства городской деятельностью, но при этом сохраняя некоторые сельские/экологические характеристики.

Различные авторы обсуждают негативные и позитивные аспекты периурбанизации. Среди исследователей, выступающих против этого движения, есть те, кто обосновывает негативные аспекты пригородной урбанизации тем, что расселение населения требует больших государственных расходов, создает пробки и рассеивает инвестиции. Есть и те, кто обсуждает проблемы периурбанизации с точки зрения экологии. В этом смысле Асенсио (2001) указывает на негативные аспекты:

- *Низкая плотность жилья, что означает чрезмерное потребление земли.*
- *Зависимость от личных автомобилей и Движение пригородных поездов, ухудшающее доступность города в часы пик.*
- *Проблемы развития общественных услуг и инфраструктуры для рассредоточенного населения и возможность конфликтов между новыми и старыми жителями.*
- *Новые предприятия (жилищные, промышленные и т.д.), которые преобразуют сельский ландшафт.*
- *Новые жители, как правило, имеют более высокие доходы, чем традиционное население. Это усугубляет социальное неравенство. Во многих случаях наблюдается социальная поляризация, которая препятствует социальной интеграции с приезжими.*

Однако есть и те, кто видит положительные

стороны в процессе периурбанизации. В этом смысле Асенсио (2001) отмечает положительные моменты:

- *Демографическая регенерация, поскольку большинство прибывающего населения - молодые семьи с детьми.*
- *Повышение экономической динамики по мере увеличения численности населения, его более высокой покупательной способности и возрастных особенностей способствует консолидации и появлению новых видов деятельности, особенно в сфере торговли, услуг и строительства.*

Важно отметить, что экономический толчок, который дает процесс создания новых (городских) предприятий в сельской местности, является очень позитивным, поскольку он, как правило, создает возможности для трудоустройства и инвестиций, а также стимулирует местную экономику (VALE &

GERARDI, 2006; SILVA, 2011).

Санчес (Sánchez, 2009) утверждает, что существует консенсус в определении периурбанизации как явления, характерного для постиндустриального общества. В этом смысле автор говорит о том, что большой город в процессе своего расширения ищет места для более комфортного воспроизводства из-за городских проблем. Поэтому этот процесс, как правило, направлен на сельские районы, порождая "фрагментированное и рассредоточенное городское пространство, с различными сферами использования и дифференцированным содержанием" (с. 99). Далее автор говорит, что территориальным выражением процесса периурбанизации является "формирование концентрических периферийных венцов или пространств, в которых переплетаются экономическая деятельность и образ жизни, проявляющие характеристики как городских, так и сельских районов" (с.100). По мнению Боццано (*In Zluaga Sánchez, 2008, p. 166*), периурбанизация рассматривается как процесс, возникающий в результате развития и поверхностного распространения промышленного города на ближайшие сельские районы, чему способствует увеличение мобильности населения, строительство или улучшение путей сообщения и транспортных средств.

В свою очередь, Санчес (Sánchez, 2009) отмечает, что в развитых странах

Периурбанизация произошла из-за децентрализации промышленных и коммерческих секторов на окраинах городов, где они включаются в непосредственное сельское пространство города; также из-за оттока населения в сельскую местность в качестве альтернативы для лучшего

качества жизни и для развития рекреационной, второй домашней или туристической деятельности. (р.100)

Хотя автор говорит об этом применительно к развитым странам, это применимо и к Бразилии. В Бразилии бесчисленные виды коммерческой и промышленной деятельности деконцентрируются на городских окраинах, поскольку там находятся запасы дешевой и доступной земли и, зачастую, готовность государства создать инфраструктуру, необходимую для повышения ценности территории, а также семьи с высоким уровнем дохода, которые постоянно перемещаются в сельскую местность, непосредственно окружающую город.

Пригородное пространство
Феномен периурбанизации очень масштабен и включает в себя ситуации, в которых

переплетается ряд процессов, характерных для структурирования территорий, и поэтому его изучением должны заниматься различные дисциплины, используя междисциплинарные подходы и методы (SÁNCHEZ, 2009: 118).

Пригород следует понимать как результат новой формы урбанизации, результат современной логики урбанизации, которая воспроизводится не интенсивно и компактно, а экстенсивно и дисперсно, включая сельские земли в логику воспроизводства города. Можно сказать, что пригород - это продолжение города или сельское пространство в непосредственном включении в городскую логику.

Следует иметь в виду, что пригород - это сложное пространство, в котором сельское и городское соприкасаются и смешиваются, что затрудняет анализ, прежде всего из-за логики землепользования, которая не позволяет делать обобщения. Пригород - это пространственно-временная категория, возникающая в результате процесса периурбанизации, главной особенностью которой является разнообразие. Поэтому мы можем сказать, что пригород - это пространство с сельским прошлым и гибридным настоящим. Что касается неравномерного процесса расширения города, то Картер (Carter, 1974) утверждает, что город не растет по четко определенным кругам полного продвижения, поэтому в одних точках он распространяется быстро, а в других - медленнее. По мнению автора, это неравномерное движение порождает бессвязную модель землепользования, которая становится представителем того, что мы обычно называем сельско-городской границей.

Пригородное пространство характеризуется как городскими, так и сельскими аспектами, что, на первый взгляд, может привести к неправильной интерпретации пространства. Поскольку его невозможно определить в соответствии с традиционными категориями (городское или сельское), эта пространственность соответствует стадии урбанизации. Поэтому, когда речь идет о переходных районах между сельской и городской местностью, важно провести исследование, выходящее за рамки видимости (SOUZA, 2005).

Важно отметить множество номенклатур, используемых в литературе для обозначения пригородного пространства. Так, Корреа (2005, с.27) утверждает, что "переходная полоса (сельская - городская) называется у англосаксонских географов сельско-городской периферией, а у французов, как правило, пригородным пространством". Корреа (1986, с.70) подчеркивает возможность использования терминов "периферия пригорода", "пригород" или "сельско-городская периферия". Миранда (2009) добавляет такие термины, как: пригородная окраина, сельско-городская окраина, пригородная окраина, пригородная периферия или даже сельско-городская переходная зона, используемые автором в различных работах. Вейл (2007, с. 5) утверждает, что "пригородное пространство - это одно из многих названий, используемых для обозначения сельского пространства, вокруг которого разрастается город".

Ссылки

АСЕНСИО, Педро Хосе Понсе. Социальные и пространственные изменения в перирубских районах Страны Валенсии. Конкретный случай: Эль-Пуиг-де-Санта-Мария. Выпускная квалификационная работа. 2001.

Картер, Х. Изучение городской географии. Eduard Arnoud eds, 1974.

КАТАЛО, Игорь. Бразилиа - рассеянный город? Анналы Эгаля: УДЕЛАР, 2009.

КОРРКА, Роберто Лобато. Городское пространство. Сан-Паулу: Ática, 1995.

КОРРКА, Роберто Лобато. Регион и пространственная организация. Сан-Паулу: Ática, 2003. 7ed.

МИРАНДА, Ливия Изабель Безерра де. Производство пространства и планирование в районах перехода от сельской местности к городу: на примере столичного региона

Ресифи - ЧП. Диссертация/Ливия Миранда. - Ресифи: Автор, 2008.

Соуза, Марсело Лопеш де. Азбука городского развития - 2е изд. Рио-де-Жанейро: Bertrand Brasil, 2005.

ВАЛЕ, Ана Руте ду Вале. Расширение города и многофункциональность в пригородном пространстве муниципалитета Араракара (SP) / Ана Руте ду Вале. - Рио-Кларо: Автор, 2005.

ВАЛЕ, Ана Руте. ГЕРАРДИ, Лусия Элена де Оливейра. Городской рост и теории о пригородном пространстве: анализ случая муниципалитета Араракуары (SP) в Geografia: ações e reflexões / Lucia Helena de Oliveira Gerardi, Pompeu Figueiredo de Carvalho, организаторы. - Рио-Кларо : UNESP/IGCE : AGETEO, 2006.

ZULUAGA, SÁNCHEZ, Gloria Patricia. Динамика городских и сельских районов на окраинах города Медельин. Gestion y Ambiente, vol. 11, num. 3, December 2008, p. 161-171. Национальный университет Колумбии.

Постепенное появление новых периферийных районов вокруг крупных городов становится все более интенсивным, сначала в Европе и США, а в последнее время и в таких странах, как Бразилия, где движение рассеивания городов и периурбанизации имеет тенденцию к проникновению в сельские пространства и формированию новой городской модели. Эти (ценные) периферии возникают как место назначения для того, что не вписывается в город, и соответствуют пространству, где городские виды использования имеют тенденцию к сближению в движении от центральных районов. Энтрена Дюран (2003, с. 61) утверждает, что это движение происходит в "контексте, в котором большой город, предпочитаемый в индустриальную эпоху, стал в постиндустриальном обществе дорогой средой, а экономика агломерации превратилась в экономику неэффективности".

По мнению Фонсеки (2011), мировые мегаполисы можно определить двумя способами: Фордистский и постфордистский. Первая сформировалась в период с послевоенного времени до середины 1970-х годов и характеризовалась четким противопоставлением центра и периферии. Основные виды экономической деятельности были сосредоточены в центре, в то время как в пригородах проживала часть среднего класса, фабрики и заводы, а также беднейшее население. Пригороды оставались явно зависимыми от центральных районов, и только с развитием транспорта в них стали проникать другие виды использования, особенно в Соединенных Штатах.

С кризисом фордизма в 1970-х годах капитализм перешел к новой модели накопления (постфордизм или гибкий способ накопления), освободив городские связи, которые затем переместились в другие направления за пределы метрополии. Однако эта децентрализация была очень избирательной, так как переместились лишь некоторые виды деятельности: компании сохранили свои центры принятия решений в центральных районах, в то время как производственная матрица была выведена за пределы города; услуги (особенно те, которые ориентированы на семьи с более высокими доходами) стремились переместиться ближе к населению; семьи, благодаря развитию технологий и финансовой возможности позволить себе ежедневную мобильность, также стремились переехать из центра. В результате этих преобразований возникли мегаполисы с многоядерной пространственной структурой с низкой плотностью населения, основанной на использовании автомобилей. Таким образом, современный мегаполис приобретает пористую форму, и его все чаще называют перевернутым мегаполисом (FONSECA, 2011).

Рассеянный город: первый подход

С развитием технологий тенденция к рассредоточению городов наметилась как в США (с 1930-х годов), так и в некоторых европейских городах. В Бразилии, пережившей процесс поздней индустриализации, процесс дисперсии начался только во второй половине XX века, и это движение возникло не как вариант (как в США), а как альтернатива проблемам, с которыми крупные бразильские города начали сталкиваться в процессе метрополизации.

В зависимости от страны, к которой относится термин "дисперсия", он имеет различные толкования и концепции. В США термин "контрурбанизация" был введен Берри в 1970-х годах. Контрурбанизация соответствует тенденции превращения многих сельских районов в зоны притяжения населения, что приводит к появлению жилых пригородов.

Также можно встретить такие понятия, как Испанская (в англосаксонской и субурбанизаци итальянской литературе), я и рурбанизация и (во французской литературе) и

диффузная урбанизация - более современный термин - для обозначения процесса расселения городов, которые имеют сходство между собой, особенно с точки зрения их результатов. Поэтому мы решили говорить о диффузной урбанизации, поскольку, как предупреждает Арройо (2000, стр. 20), термин "контрурбанизация" применим только к промышленно развитым странам, но не к тем, которые находятся в процессе развития, поскольку в этих случаях городские центры продолжают расти одновременно с их периферией.

Именно благодаря рассеянной урбанизации в различных реалиях возникла новая модель города. В разных странах и у разных авторов эта новая модель города получила разные названия. Последние несколько поколений говорят о *"пригородах"*, *"внешних городах"*, *"окраинных городах"* и т. д. В континентальной и средиземноморской Европе с 1970-х годов также говорят о диффузных городах, метаполисах и гипергородах" (MONCLÚS, 1998, p.1). Как отмечает Монклус, для объяснения одного и того же явления используется множество терминов. В Бразилии используются термины дисперсный город (SPOSITO, 2008; LIMONAD, 2007; CATALÃO, 2009) и диффузный город, а в зарубежной литературе можно встретить такие термины, как диффузный город (INDOVINA, 1998; DEMATEIS, 1998; BARBOSA, 2005) и дисперсный город (MONCLÚS, 1998), среди прочих.

Периурбанизация, как уже говорилось, является реакцией на процесс, очень похожий на тот, что происходит в Бразилии: вторжение городских предприятий и населения в сельскую местность, что приводит к формированию городской пространственности, которая больше не связана с городом. В этом смысле динамика периурбанизации формирует новый тип города, рассеянного и фрагментированного, особенно в условиях мегаполиса. Таким образом, можно говорить о формировании новой модели города, которая становится все более распространенной во всем мире и характеризуется демографической, структурной и производственной дисперсией. Город, который сейчас создается и воспроизводится, является результатом совместного действия бесчисленных факторов (выбор семей, агенты воспроизводства города, компании, государство), которые действуют, "разрушая" классический город и создавая город, выбрасывающий свои щупальца за его традиционные границы. В ответ на этот процесс появилось множество предложений, направленных на решение новых задач современных городских исследований.

Конец компактного города и возникновение рассредоточенного города

Распад традиционного компактного города и его трансформация во все более дисперсный и фрагментированный город (MONCLUS, 1998) - это результат процесса, который трансформирует морфологию, функционирование и структуру города, приводя к появлению нового и противоречивого объекта. Это связано с тем, что город является синонимом концентрации, агломерации и встречи, в то время как тип города, который формируется в современную эпоху, характеризуется дисперсией, деконцентрацией и изоляцией. Именно в этом смысле некоторые более пессимистичные авторы предсказывают исчезновение города (по крайней мере, классического, уницентрального). В этой связи Монклус (Idem) предупреждает, что

Более апокалиптические видения, провозглашающие исчезновение и конец города, не соответствуют реальности, которую демонстрирует большинство центральных городских районов, особенно в европейском контексте. Правильнее было бы говорить о появлении нового типа децентрализованного города, который соответствует новым социальным, экономическим, технологическим и культурным процессам.

Город нового типа, который сейчас формируется, состоит из ткани с несколькими центрами. Таким образом, мы сталкиваемся не с концом города, а с процессом реконфигурации пространственного выражения, на который классические городские модели не смогли ответить.

Необходимо также принять во внимание слова Монклюса (1998) и Энтрены Дюран (2003) о том, что распад концентрированного города является результатом социальных, экономических, технологических и культурных трансформаций. Рассеянный город следует понимать как результат слияния факторов, которые выводят город за пределы самого себя. Возникновение экономической мощи, связанной с техническим развитием и пробуждением новых стилей жизни, усилило растущий процесс разделения городской ткани (особенно если речь идет о столичных контекстах), а вместе с ним и конфигурацию городов, оторванных от своего ядра.

Это возвращает нас к предыдущей дискуссии о роли технологий в процессе рассеивания городов. Рассеянный город использует преимущества технологического развития, которое позволяет размещать производственную деятельность за пределами городской черты без каких-либо препятствий для передвижения и коммуникации. Кроме того, возникает новая городская культура, которая уже не замыкается на городе, а, напротив, рассеивается по всей территории и распространяет свое влияние за пределы концентрированного города[1] .

Технологическое развитие рассматривается как решающий фактор в процессе фрагментации

---

[1] В этой связи Индовина (2009, с.15) утверждает, что одним из процессов, усиливших производство рассредоточенного города, является "новый образ жизни, увеличение свободного времени, рост благосостояния, чрезвычайно возросшая автомобилизация и т.д., что, как мы уже говорили, определяет реализацию нового желания иметь жилье (дом на одну семью), а также определяет новые требования к услугам".

городов. Таким образом, можно считать, что расширение коммуникационных сетей и массовизация автомобиля - два важнейших фактора, опосредующих городскую дисперсию. В результате деловая активность смогла переместиться за пределы города (как из-за поиска пространства, так и благодаря административным возможностям, которые обеспечивали технологические средства); семьи смогли построить дома в более отдаленных местах, в основном благодаря приобретению личного автомобиля, который позволил ежедневно ездить на работу (home-work-home); а появление телематики и Интернета сделало возможным для некоторых профессионалов работать из дома (ENTRENA DURAN, 2003). Разрастание городов также стало возможным благодаря тому, что в сельской местности были доступны те же удобства, что и в городе, такие как электричество, телефон и водопровод (DUPUY, 1995, p.128). В XIX веке часть жилья европейских средних классов и промышленников уже перемещалась на периферию. Это перемещение стало возможным благодаря технологическим инновациям в сочетании с экономическими и социальными аспектами, которые привели к разрыву практически всех городских агломераций Европы. Спозито (2008) утверждает, что новые информационные и коммуникационные технологии (NICT) "позволяют занимать городские ткани, которые становятся все более обширными и разрываются с городом", и добавляет, что "новые формы циркуляции, возникающие в результате объединения новых доступных материалов, спутниковых систем передачи данных и развития информационных технологий, составляют материальную основу, которая технически делает возможными изменения в формах человеческого поселения". Все это, в сочетании с сильным ухудшением состояния центра города, привело к тому, что периферийные районы[2] стали привлекать бизнес и население, которые стремятся захватить их в качестве новой цели урбанизации, положив конец гегемонии компактного города.

Дискуссия о рассеянном городе

Индовина (2003) описывает диффузный город как городское явление не с морфологической

---

[2] Важно подчеркнуть, что термин "периферия" используется здесь не как синоним термина "бедная периферия", как это было принято в Бразилии. Термин "периферия" или "периферийные пространства" приобретает значение пространства, удаленного от городского центра и характеризующегося валоризацией пространства за счет строительства новых зданий.

точки зрения, а в его организационной, функциональной, социальной и утилизационной совокупности.

Диффузный город проявляет себя через специфические характеристики, отличающие его от традиционного города, такие как плотность и инфраструктура или наличие удобств, которые делают его местом притяжения для бизнеса и семей с высоким доходом. Можно также говорить о "новых перифериях".непрерывность. Поскольку эта пространственная форма характеризуется рассредоточением на обширной территории, плотность рассеянного города, как правило, ниже, чем у центра влияния, а также характерная территориальная прерывистость - здания разбавлены посреди сельского пространства - являются важными признаками этой особенности.Дематтеис (1998) обнаруживает две различные модели городов в Европе: англосаксонскую, характеризующуюся наличием пригорода, и средиземноморскую, характеризующуюся компактностью и четким разделением сельской местности и городского ландшафта. Автор отмечает, что с конца XX века бесчисленные европейские города переживают нечто среднее между этими двумя городскими моделями, что привело к появлению того, что автор предпочитает называть диффузным городом. В этом смысле Дематейс утверждает, что "недавние процессы периурбанизации и ретикулярной диффузии города (диффузный город) приводят к появлению городских периферий совершенно иного рода, чем те, которые формировались в Европе со времен промышленной революции до 1960-х годов". Он добавляет: "Благодаря периурбанизации и диффузному городу латино-средиземноморская и англо-саксонская модели субурбанизации, которые долгое время шли разными путями, теперь имеют тенденцию к сближению в единую модель по всей Европе".

Диффузный (или рассеянный) город может быть формой пространственной организации, в которой элементы физической структуры города присутствуют, но не обладают характеристиками плотности, интенсивности и непрерывности (INDOVINA, 2008). По мнению Индовины, диффузный город "состоит не только из одноквартирных домов, но и из различных форм жилья, рабочих кварталов, инфраструктуры и сетей, оборудования и услуг (коллективных, частных и государственных), зон специализации, общественных пространств и т.д." (p.26). В другой работе Индовина (2009, с.14) выделяет набор факторов, которые приводят к появлению дисперсного города. Важно отметить, что автор говорит о том, что его контекст относится к реальности некоторых европейских городов, особенно на юге континента, и не может быть принят за общее правило. Поэтому он указывает на следующие особенности:

1. Спекуляция землей

, что может способствовать процессу диффузной урбанизации.

2. Вечная эмиграция, которая стимулирует рынок недвижимости и повышает цены на землю и жилье.

3. Продвижение сайта

Поселения с низкой плотностью населения, занятые в основном семьями высшего среднего класса.

4.   Распространение
жилья в результате возросших
финансовых возможностей молодых
семей, которым удается строить свои
дома на семейных землях; или даже в
результате отказа некоторых семей от
концентрированного города и, учитывая
их финансовые возможности, от
проживания в более отдаленных
районах.

Наличие земель, которые могут быть охвачены
урбанизацией, и других земель, которые все
еще ожидают рыночной оценки, служит
трамплином для диффузной урбанизации, хотя
и не является решающим фактором. Таким
образом, рассредоточенный город, как
правило, возникает путем поглощения части
сельского пространства в динамике, когда
сельскохозяйственная деятельность

сокращается (часто оставляя землю незанятой), а урбанизация развивается. В этом смысле Индовина предупреждает: "Мы не говорим, что это ожидание является причиной диффузной урбанизации, хотя эта возможность облегчила процесс". Таким образом, каждый раз, когда сельскохозяйственная производительность земли снижается, она становится доступной для интересов городского капитала, и именно через это движение другие участники вступают в игру по валоризации пространства.

Говоря о внутренней эмиграции, Индовина имеет в виду типично европейский контекст (особенно южную Европу), но этот контекст может быть принят для бесчисленных случаев по всему миру, особенно когда речь идет о рассеивании городов в метрополии. В этом смысле внутренняя эмиграция часто связана с урбанистической экономикой крупных городов, которая заставляет часть их населения перемещаться на окраины городской ткани.

В Бразилии этот процесс был весьма значительным в последние десятилетия. Наконец, что не менее важно, чем другие факторы, необходимо упомянуть о распространении жилья в районах с низкой плотностью застройки. Этот процесс стоит проанализировать по двум причинам: во-первых, он стал общемировым явлением, а во-вторых, процесс расселения жителей является потенциальным фактором возникновения экологических проблем.

Столкнувшись с широким спектром терминов, встречающихся в литературе, Индовина (2009) добавляет понятие "город низкой плотности" (когда он соответствует обширной территории, но с низкой плотностью, но с наличием функций и объектов, если они используются городскими жителями). Однако автор предупреждает, что "город с низкой плотностью и диффузный город - это формулы, используемые в двух разных языках для обозначения одного и того же явления, хотя в одном случае, как правило, выделяется элемент, характерный для архитектуры и строительства, - низкая плотность, а в другом - элемент, связанный с организацией пространства, - диффузность".

Характеристика рассредоточенного города

Сочетание технических, политических, культурных и территориальных условий сделало возможным распространение урбанизма и его выражение в пространстве: дисперсный город. Он представляет собой пространственную модель, которая выходит из классической модели концентрированного города и устанавливает новую модель, характеризующуюся рассеиванием городских объектов, в том числе в сельской местности. В этом смысле Лимонад (2006, с.34), основываясь на предложении Босфорда (2003), представляет объяснительную схему процесса трансформации пространственных моделей городов между XX веком (компактный город) и XXI веком (дисперсный/фрагментированный город). Так, если компактный город представлял себя через четко выраженную оппозицию между центром и периферией, то в дисперсном городе эта оппозиция менее четкая. Новая модель города - отличительная черта мегаполиса XXI века - представлена через запутанное многоцентровое, многоядерное и многофункциональное пространственное расположение (FONSECA, 2011).

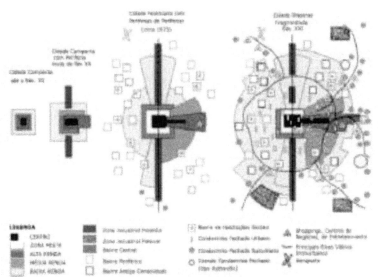

Рисунок 02: Типология латиноамериканских городов Борсдорфа (XVI-XXI) взята из Ester Limonad (2006).

Приведенная выше диаграмма очень важна для этих размышлений, поскольку она показывает, как организационная структура города существенно менялась на протяжении веков. В этом смысле можно сказать, что в настоящее время наблюдается процесс разрастания города над своим регионом, который также оказывает влияние на близлежащие сельские районы.

По словам Энтрены Дюран (2003, с. 71), "мы движемся к новой модели расширения и регулирования многих городов, которая в большей степени соответствует современным тенденциям к созданию города без границ, который очень трудно отделить от сельской местности, которая все больше ассимилируется им".

По мнению Индовины (1997, с. 124), "диффузный город представляет собой не автономную и независимую организацию территории, а трансформацию форм заселения. [...] Переход от диффузной урбанизации к диффузному городу соответствует процессу плотности и физической интенсификации [...] и ему следует уделять больше внимания" (INDOVINA, 1997, p. 124).

В другой работе Индовина (2009, с.16) утверждает, что диффузный город

Это происходит, когда определенный, большой участок урбанизированной территории предлагает большое количество и разнообразие функций, характеризуется широким спектром услуг, хотя и разбросанных по всей территории, и когда - это главное требование - он используется населением, проживающим там, как если бы это был город

По мнению Дематтейса (1998), можно выделить три различных морфологических типа: периурбанизация, диффузный город и суперпозиция обоих. Так, автор утверждает, что периурбанизация - это "ситуация слабого развития, при которой рост зависит только от сервисной (и, возможно, промышленной) функции городского полюса в региональном контексте с точки зрения как услуг, так и производственной деятельности". С другой стороны, ретикулярная диффузия (диффузный город) "характерна для смешанных жилых и производственных структур (промышленных, третичных, агропромышленных, туристических), обусловленных как эндогенной динамикой, так и широкой децентрализацией метрополии" (DEMATTEIS, 1998, p.4).

Поэтому можно говорить о дисперсном городе как о результате размывания городской ткани в своем регионе за счет включения сельских окрестностей, но в очень специфическом смысле, поскольку дисперсный город, как утверждает Индовина, имеет следующие характеристики

фундаментальная характеристика территориальной прерывистости.

Рассеянный город: решение или проблема?

В изученной литературе можно найти очень острую дискуссию между авторами, отстаивающими новую модель города как решение проблемы городского хаоса в больших городах, и теми, кто видит в ней проблему, с которой нужно бороться.

Фонсека (2011) утверждает, что американцы (ссылаясь на ECHENIQUE, 2001; BREHENY, 2001; RICHARDSON et AL, 2001) выделяются как те, кто больше всего защищает модель рассредоточенного города. По ее мнению, защита американцев следует логике формирования модели города, которая была широко распространена в этой стране с 1930-х годов. Среди аргументов, используемых в защиту модели рассредоточенного города, Фонсека указывает на то, что плотность застройки городов может усугубить различные проблемы, которые она пытается решить.

В другом направлении автор приводит аргументы, используемые сторонниками компактного города (ROGERS et al, 2001; RUEDA, 2001; TRAVERS, 2001). Затем она подчеркивает тот факт, что эти сторонники появились в Европе - регионе, который узнал об этой новой городской модели (через рассеивание городов) только после 1970-х годов. Среди аргументов, которые они используют для атаки на модель дисперсного города, следующие:

- Низкая плотность приводит к потере урбанистичности

- Высокая стоимость как как для отдельных людей, так и для общества, поскольку рассредоточение приводит к необходимости создания транспортных сетей для людей, энергии и материи. Все это увеличивает использование транспортных средств, что приводит к образованию пробок.

- Увеличение использования автомобилей

И, как следствие, шум и загрязнение

воздуха, аварии и потеря времени на дорогу.

- Государственные расходы

для создания инфраструктуры, которые зачастую используются не в полной мере.

Таким образом, европейцы склонны защищать модель компактного города как более устойчивую модель городского развития, поскольку рассредоточенный город приводит к высоким издержкам как для правительств и семей, так и для компаний и природной среды (FONSECA, 2011). Таким образом, сторонники сохранения модели компактного города указывают на высокие затраты не только в финансовом, но и в экологическом плане (INDOVINA, 1998; 2009; 2010) как на негативные аспекты дисперсного города.

Барбоса (2005, стр.3) утверждает, что

Если, с одной стороны, мы имеем сторонников компактного города, который подразумевает минимизацию площади урбанизированных территорий посредством политики локализации и плановой урбанизации, то, с другой стороны, мы имеем сторонников менее плотного города, который предпочитает занимать горизонтальную территорию, развитие которой может быть запланированным (например, *разрастание города* или дисперсная урбанизация) или неупорядоченным, последнее связано с явлением диффузной урбанизации.

По мнению Энтрены Дюран (2003, стр. 77), среди проблем, которые могут возникнуть в результате создания рассредоточенного города, - столкновение сельских и городских земель, трансформация ландшафта и воздействие на окружающую среду, необходимость предоставления общественных услуг, соответствующих новым видам использования, увеличение стоимости инфраструктуры, трудности в управлении территорией, а также распространение идеи, что рассредоточенный город - это синоним качества жизни и благосостояния.

В результате возникли экологические проблемы, такие как: чрезмерное увеличение количества личного автотранспорта, снижение качества воздуха, огромный рост потребления энергии, шумовое загрязнение, потеря многофункционального характера города или уничтожение многих традиционных сельскохозяйственных ландшафтов вблизи городов. Тем не менее, Дюран обсуждает и положительные стороны разрастания городов, среди которых он выделяет: улучшение условий жизни и повышение пригодности жилья, восстановление сельских районов или использование территорий, не имевших конкретного назначения.

Очевидно, что аргументы, которые приводят противники, сосредоточены на экономических, экологических и социальных проблемах, в то время как сторонники рассредоточенного города больше озабочены возможностью планирования и ассоциируют рассредоточение с качеством жизни.

Ссылки

Барбоса, Кристина. Вторые дома и рассеянные города. Х Иберийский географический коллоквиум. Эвора, 2005.

КАТАЛО, Игорь. Бразилиа - рассеянный город? Анналы Эгаля: УДЕЛАР, 2009.

ДЕМАТТЕЙС, Джузеппе. Субурбанизация и периурбанизация. Англо- и латиноамериканские города. In MONCLUS, Francisco Javier (org). La ciudad dispersa. Barcelona: Centre de Cultura Contemporáneo de Barcelona, 1998.

ENTRENA DURÁN, F. Города без границ. In: Machado, A. S. (org.) Trabalho, economia e tecnologia: novas perspectivas para a sociedade global. São Paulo: Tendez; Bauru: Práxis, 2003. доступно по адресу   at: http://www.forumglobal.de/curso/textos/tecno.pdf>

ФОНСЕКА, Мария де Лурдес. Компактный город или диффузный город? Доступно по адресу: http://ie.org.br/site/noticias/exibe/id_sessao/7/id_no ticia/5243/Cidade-compacta-e-cidade-difusa-.

Индовина, Ф. Многочисленные соображения по поводу La ciutat difusa, 1998.

Индовина, Ф. Сьюдад дифуса и архипелаг

метрополитано. Города: сообщества и территории, 2009.

Индовина, Ф. Рассеивание урбанизации по территории. Города - сообщества и территории, 2010.

INDOVINA, F. Transformazione della cittá e del território all'inizio Del XXI sécolo: L'archipelego metropolitano. Eonomia e societá regionale, 2003.

ЛИМОНАД, Эстер. Дисперсная урбанизация: другая форма городского самовыражения? Revista Formação, 14, том 1.2006.

ЛИМОНАД, Эстер. Дисперсная урбанизация: новая форма городского развития? Исследовательский проект. Рио-де-Жанейро, 2007.

МОНКЛУС, Франсиско Хавьер. Пригородное строительство и новые периферии. Географические перспективы. Введение. In MOUNCLÚS, F.J. (Ed.) La ciudad dispersa. Barcelona: Барселонский центр современной культуры, 1998.

Оглавление

Milton Keynes UK
Ingram Content Group UK Ltd.
UKHW010851280324
440101UK00001B/177